HOMMAGE A LA BRETAGNE

LES TRENTE

DRAME NATIONAL EN V ACTES ET EN VERS

Par J. COMMERSON

Ancien Membre de l'Université et Membre de la Société des Auteurs dramatiques

Nouvelle édition, revue, augmentée d'un acte et corrigée avec soin.

PARIS

CHEZ LACOUR

LIBRAIRIE SPÉCIALE DES AUTEURS ET COMPOSITEURS DRAMATIQUES, RUE DE LA BOURSE, 10

Prix 1 franc 25 centimes.

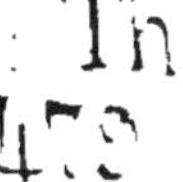

HOMMAGE A LA BRETAGNE

LES TRENTE

DRAME NATIONAL EN V ACTES ET EN VERS

Par J. COMMERSON

Ancien Membre de l'Université et Membre de la Société des Auteurs dramatiques

Nouvelle édition, revue, augmentée d'un acte et corrigée avec soin.

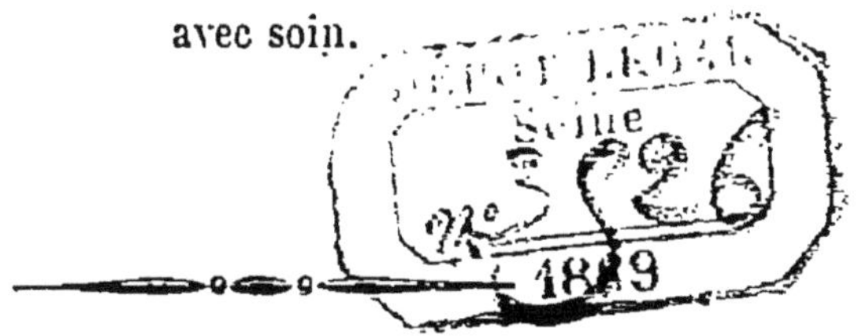

PARIS

CHEZ LACOUR

LIBRAIRIE SPÉCIALE DES AUTEURS ET COMPOSITEURS DRAMATIQUES, RUE DE LA BOURSE, 10

Prix 1 franc 25 centimes.

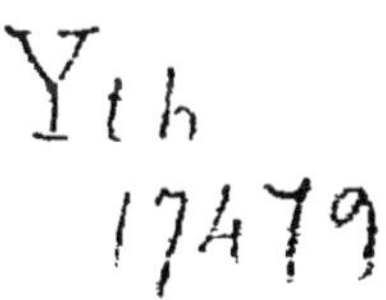

NOUVELLE PRÉFACE DE LA 2me ÉDITION

Ce drame, en IV actes, dans l'origine, et imprimé pour la première fois, en 1840, avec une préface violente, très humblement désavouée depuis, contre un ancien et honorable ministre du roi Louis-Philippe, a été représenté, en 1848, avec un certain succès, sur plusieurs théâtres de province, notamment à Nevers, pays natal de l'auteur.

A notre retour à Paris, la Censure nous a déclaré que, par respect pour l'alliance anglaise dont on avait grand besoin à cette époque, un pareil sujet, quoique tout à fait historique, était inadmissible au théâtre, et ne ferait que réveiller entre la France et l'Angleterre de vieilles haînes, heureusement éteintes aujourd'hui, mais qui avaient eu, pendant des siècles entiers, des résultats bien diversement fatals pour les deux nations.

Cette interdiction, qui a été aussi contraire à nos intérêts pécuniaires, qu'à notre amour-propre d'auteur, ne nous a point étonné du tout, car, depuis une cinquantaine d'années que nous habitons Paris, nous n'avons pas toujours marché sur des roses, et nous n'avons vu que trop souvent nos espérances, même les moins prétentieuses, n'aboutir qu'à des déceptions.

Cette seconde édition, revue et corrigée des *Trente*, ne paraît donc aujourd'hui que comme travail littéraire sans conséquence ; à 73 ans, en effet, on ne doit plus désirer que la paix entre tous les hommes, car le règne de la paix est le règne de Dieu.

J. COMMERSON,
Rue Neuve-du-Maine, 1
14me Arrondissement

LETTRE DE CHATEAUBRIAND A L'AUTEUR

Paris, 31 Décembre 1840.

Vous avez raison, Monsieur, j'aime passionnément ma patrie, et je tiens à honneur d'être né parmi les hommes de courage et de conviction qui errent sur les grèves de notre pauvre Bretagne.

J'ai lu avec le plus vif intérêt votre drame des *Trente*, et ce n'est pas sans attendrissement que j'ai appris par cœur ces beaux vers :

« Sol natal, sol d'amour où reposent nos pères ;
« Où nous avons reçu les baisers de nos mères ;
« Vu nos premiers soleils, formé nos premiers pas,
« Terre sainte, malheur à qui ne t'aime pas ! »

Je vous prie d'agréer, Monsieur, avec mes remerciements, l'assurance de ma considération la plus distinguée,

CHATEAUBRIAND.

LETTRE DE BÉRANGER AU MÊME

Tours, 28 Février 1841.

Je regrette beaucoup, Monsieur, que ma mauvaise santé et des déplacements continuels m'aient empêché de vous remercier plus tôt de l'envoi que vous avez bien voulu me faire de votre drame des *Trente*. C'est une belle et bonne œuvre que je pourrai tôt ou tard applaudir au théâtre, du moins je l'espère, avec tous ceux de mes amis, qui, comme vous et moi, Monsieur, ont dans le cœur l'amour de la patrie.

En attendant, veuillez agréer, etc.

BÉRANGER.

LETTRE DE LAMENNAIS AU MÊME

9 Janvier 1843

Monsieur,

Un pauvre vieux solitaire, comme moi, n'est guère juge compétent en matière de théâtre, mais votre drame des *Trente*, que vous m'avez adressé, est une page glorieuse de l'histoire de mon pays et je l'ai lue avec tout le sentiment d'un vrai Breton,

Mes remerciements et félicitations,

LAMENNAIS.

LES TRENTE

DRAME NATIONAL EN V ACTES ET EN VERS.

Le Combat des TRENTE eut lieu le 27 Mars 1351, au point du jour, entre Ploermel et Josselin.

PERSONNAGES.

ROBERT DE BEAUMANOIR, commandant les Bretons.
MARIE, dame de Beaumanoir.
ALICE, sœur de Madame de Beaumanoir.
REMY } fils de Beaumanoir.
JEAN }
FONTENAY }
MORLÈ }
LENOIR } Chevaliers Bretons.
DELANGRES }
GEORGES DEPARC }
DEPARC, père de Georges, ancien écuyer.
ROSE, amante de Georges.
TURPIN, père de Rose.
LOUISE, AMINTE, etc., compagnes de Rose.
DUVAL, ancien soldat.

SIRE BEMBRO, commandant les Anglais.
SALISTART, Astrologue.
FITZ, Chevalier.

Chevaliers, Écuyers, Page, Soldats, Villageois.

LES TRENTE

ACTE PREMIER

Le théâtre représente le camp des Bretons, auprès de Josselin.

SCÈNE PREMIÈRE

FONTENAY, MORLÉ, LENOIR et autres chevaliers préposés à la garde du camp.

LENOIR.

Faut-il tant qu'un Anglais foule, avec insolence,
Le sol de l'Armorique et déchire la France,
Qu'une trêve maudite enchaîne, ici, nos bras?

FONTENAY.

Mes vœux, comme les tiens, appellent les combats,
Chevalier, et bientôt nous verrons, je l'espère,
La patrie arrachée au joug de l'Angleterre;
La trêve aura sa fin, la gloire aura son tour ;
Attendons tout du temps !

LENOIR.

Oh ! luis, luis, heureux jour !
Luis pour ressusciter, dans le fond de nos âmes,
De l'amour du pays les chaleureuses flammes !
Luis pour voir les Bretons, unis et valeureux,
Reconquérir les droits légués par leurs aïeux !
Le Dieu bon a sur nous versé ses dons superbes :
Un ciel brillant d'azur, des champs couverts de gerbes,
De limpides ruisseaux, des pampres verdoyants.
Nous charment tour à tour. Du sol ouvrons les flancs !
Nous y trouvons de l'or et du fer pour nos armes.
Cependant la patrie est sans cesse en alarmes.
Et ses fils malheureux, désunis, sans vigueur,
Dans de lâches traités vont chercher leur bonheur.
Je conçois que JEAN II, pour sauver la Guyenne,
Ait pu vouloir la fin d'une guerre incertaine ;

Ici bas, très souvent, on perd à trop oser !
Mais chez nous les combats auraient-ils dû cesser ?
L'anglais tient Hennebon, Ploermel ; Brest, Mortagne,
Rennes même, l'orgueil de l'antique Bretagne,
Arbore dans ses murs les armes d'Edouard,
Et nous laissons debout ce honteux étendard !
Oh ! si tous les Bretons m'égalaient en courage,
Au lieu d'avoir son camp dressé sur ce rivage,
L'Etranger pourrait bien, avant deux ou trois mois,
Dans ses propres foyers nous voir dicter des lois.
Mais non ; et, pour servir le farouche Insulaire,
On dirait que chez nous tout meurt, tout dégénère,
On dirait que nos chefs, que jusqu'à Beaumanoir...

FONTENAY.

Ah ! respecte un Breton fidèle à son devoir,
Et qui, joignant la force à la mansuétude,
Du bonheur général fait sa plus chère étude.
Quand la trêve au repos condamna nos guerriers,
Le cœur de Beaumanoir en gémit des premiers...

MORLÉ.

En gémir, suffit-il? et, dans la bergerie,
Quand s'est précipité le loup plein de furie,
Voit-on le vrai pasteur à ses agneaux tremblants
N'apporter, pour secours, que des gémissements ?
Non ; il faut que le monstre, expiant son audace,
Attaqué sans retard, tombe mort sur la place ;
Que sa tête, arrachée au tronc qui la portait,
Rassure le bétail qui s'en épouvantait,
Et que le maître enfin, sur la troupe bêlante,
Promène, en souriant, une main caressante.
Pourquoi donc notre Chef, en semblable danger,
Se garde-t-il ainsi d'imiter le berger ?

LENOIR.

Aux yeux des grands du jour voilà ce que nous sommes !
On sauve les troupeaux, on délaisse les hommes.

FONTENAY.

Chevaliers, je vous tiens pour des gens pleins d'honneur,
Mais, envers des absents, quittez ce ton d'aigreur !
Si nos chefs se trouvaient, ici, pour vous entendre,
Leur cause est assez bonne, ils sauraient la défendre,

Et je ne viendrais pas, orateur chaleureux,
Parler, en ce moment, ni pour eux, ni contre eux.
A qui donc cependant s'adresse votre outrage ?
Beaumanoir est trop grand, trop valeureux, trop sage...

LENOIR.

Quiconque, étant armé, traite avec l'ennemi,
Dans la publique estime est un brave à demi.
Il a beau s'écrier que, devant la tempête,
Le sage, humble roseau, courbe souvent la tête ;
Et que souvent aussi les pâles matelots
Font des concessions à la fureur des flots :
Un brave qui défend sa chère indépendance
N'observe pas ainsi les lois de la prudence ;
Mais, tant qu'à son parti se rallie un soldat ;
Tant que dans sa poitrine il sent un cœur qui bat ;
Tant qu'il lui reste un peu de l'ardeur héroïque
Qui nous cache la mort sous un voile magique,
Résistant à tous ceux qui viennent l'assaillir,
Il combat fièrement jusqu'au dernier soupir.
Voilà mon homme, à moi, celui que je révère...

FONTENAY.

Mais pour qui donc enfin ce reproche sévère ?
Est-ce moi, maintenant, qu'on voudrait outrager ?
Cet essai, j'en préviens, offrirait du danger.

MORLÉ.

Du danger ! eh bien ! oui, c'est toi, toi que l'on blâme !
Au lieu de t'indigner de notre joug infâme,
Tu vas nous le parant des plus belles couleurs.
Tu nous fais entrevoir la paix et ses douceurs ;
Mais sache que la paix est vaine et sans durée
Quand l'un des contractants à genoux l'a jurée,
Et qu'il faut que l'Anglais repasse le détroit,
Ou que par les combats nous fixions notre droit.
Ah ! sors, mon vieil ami, sors de ta léthargie
Et rends à Beaumanoir son ancienne énergie !
Tu peux tout sur son cœur !

FONTENAY.

Amis, vous m'affligez !
Je suis moins pour la paix que vous ne le jugez.
Que faire cependant quand l'ordre du Roi même..?

LENOIR.

Le salut du pays, voilà la loi suprême !
Tout le reste n'est rien.

FONTENAY.

Brisons sur ce propos !
Depuis longtemps, hélas ! auraient fini nos maux,
Si le perfide Anglais, voyant son impuissance
A vaincre, par le fer, la Bretagne et la France,
N'allait semant partout ses trésors corrupteurs...
Tous ceux dont la poitrine est vide de grands cœurs
Sont gagnés. Avant hier encor, faut-il le dire ?
Georges Deparc...

MORLÉ.

Hé bien ?

FONTENAY.

On a su le séduire.

MORLÉ.

Quoi ? Deparc !

FONTENAY.

Deparc même ! un peu d'or a tout fait.

LENOIR.

O ciel ! quand son vieux père apprendra ce forfait,
Etouffant dans son sein la voix de la nature,
Il maudira ce fils criminel et parjure.

FONTENAY.

Déjà, l'on dit que Rose, objet de son amour,
A perdu la raison, sans espoir de retour ;
Qu'elle va, délaissant son père et ses compagnes,
Chercher son infidèle à travers nos campagnes ;
Qu'elle remplit les airs de ses gémissements,
Qu'elle appelle la mort...

MORLÉ.

Pauvre fille, à quinze ans !

FONTENAY.

Le traître à son pays, à son vieux père, à Rose,
Dans le camp de Bembro maintenant se repose.

LENOIR.

Qu'une grêle de maux sur lui tombe du ciel !
Que des fleurs sans parfum, des abeilles sans miel,
Des génisses sans lait, une épouse inféconde

Lui disent, chaque jour, qu'il est maudit au monde
Et qu'il soit de partout chassé comme un lépreux !

MORLÉ.

Ah ! qu'il en soit lui-même un des plus malheureux !
Qu'il ait faim, qu'il ait soif, sans qu'une main aimante
Ne lui donne ni pain ni d'eau rafraîchissante
Et qu'il arrive enfin au point d'épouvanter
Tout indigne Breton qui voudrait l'imiter.

FONTENAY.

Non, tu ne mourras pas, ô ma chère patrie !
Nos cœurs t'aiment toujours jusqu'à l'idolâtrie :
Tu peux souffrir encor de nos divisions,
Mais le temps calmera ces tristes passions.
Alors, chaque soldat, repoussant de son âme
La froide indifférence et l'égoisme infâme,
N'aura qu'un étendard et qu'un cri tout français :
Honte, malheur, remords, à qui sert les Anglais !

SCÈNE II

Les PRÉCÉDENTS, DEPARC, père.

DEPARC.

Chevaliers, dissipez les alarmes d'un père !
Le bruit court que mon fils...

FONTENAY.

Ce n'est plus un mystère.
Bon vieillard, votre fils, trop indigne de vous,
A brisé les liens qui l'enchaînaient à nous,
Et, dans le camp anglais, en ce moment peut-être,
Reconnaît-il, sans honte, Edouard pour son Maître.

DEPARC.

Edouard pour son maître, horrible trahison !
Et le traître est mon fils ! oh ! j'en aurai raison !
J'ai bien pu supporter, avec indifférence,
Tous les maux dont le ciel m'a frappé dès l'enfance !
Car, longtemps matelot, soldat et pèlerin,
Jamais la moindre fleur n'a paré mon chemin;
Comme aucune Oasis n'a prêté son ombrage

Pour me mettre à l'abri des vents et de l'orage ;
Mais je ne puis souffrir qu'un fils cher à mon cœur
Imprime à mon vieux front le sceau du déshonneur.

LENOIR.

Vous n'avez rien perdu, vieillard, dans notre estime,

FONTENAY.

C'est au criminel seul qu'est la honte du crime !

DEPARC.

Je n'attendais pas moins de vos cœurs généreux,
Chevaliers ; Quant à moi, je suis plus scrupuleux ;
Et, malheur ! oui, malheur à qui me déshonore !
Mais, au camp de Bembro, sans tarder plus encore,
Osons nous présenter !

FONTENAY.

Vous n'y parviendrez pas ;
La garde en est commise à de nombreux soldats
Et nul...

DEPARC.

J'y parviendrai ! sous un habit de bure,
J'ai visité, jadis, la sainte Sépulture
Et pleuré sur le mont rougi du sang divin ;
Je reprendrai, ce soir, l'habit de pèlerin ;
Et, sitôt que Bembro connaîtra ma prière,
Il ouvrira pour moi sa tente hospitalière :
Là, je verrai mon fils...

LENOIR.

Puisse-t-il, à vos yeux,
Sentir ce que le crime enferme en soi d'affreux !
Détester son forfait et rompre une alliance
Dans laquelle un Breton jure haine à la France;

DEPARC.

Cet horrible traité, ce soir, il le rompra !
S'il m'osait résister...

LENOIR.

S'il l'osait !

DEPARC.

(Montrant son sein)

Il mourra !
Ici, j'aurai ma dague, et ma main ferme et sûre
Ne lui portera pas ses coups à l'aventure.

FONTENAY.

Vous me faites frémir ! un père ! quelle horreur !
Mais vous êtes troublé...

DEPARC.

Moi ? non, touchez mon cœur !
Jadis, lorsque bouillant de zèle et de courage,
Je faisais au tombeau mon saint pèlerinage,
Et traversais, pieds nus, un bourdon à la main,
La célèbre cité de l'empire romain,
J'en vis la foule immense, au Forum accourue,
D'un vieillard vénérable encenser la statue.
Je m'approche et demande à l'un des spectateurs
A quel mortel chéri s'adressent ces honneurs :
« Etranger, répond-il, tu vois, ici, l'image
« Du vieux consul Brutus, nous lui rendons hommage.
« Tous les ans, quand le mois des fleurs et des amours
« Revient parer nos champs de leurs plus beaux atours.
« Le peuple, envahissant cette place publique,
« Offre à ce vrai Romain l'encens patriotique.
« Quoique le sort peut-être ait placé ton berceau
« Loin des lieux que le Tibre arrose de son eau,
« Etranger, à ton cœur si la patrie est chère,
« Honore, ainsi que nous, un Consul populaire ;
« Qu'il soit de tous les temps, comme de tous les lieux ! »
Et j'offris à Brutus mon hommage pieux.

MORLÉ.

Jetés, ainsi que vous, sur le pavé de Rome,
Nous eussions, comme vous, adoré le grand homme.

DEPARC.

Et cependant Brutus immola ses deux fils.

TOUS.

Il fit bien ! point de grâce à qui vend son pays !

DEPARC.

Ah ! vous me comprenez ! je renais à la joie !
La colombe offre au tigre une facile proie :
Mais, lorsque celui-ci, dans un transport fougueux,
Présente le combat à l'aigle valeureux,
On voit souvent l'oiseau remporter la victoire,
Puis s'élancer au ciel tout rayonnant de gloire.
Sommes-nous donc vaincus, sans espoir de retour ?

Non ; après la tempête apparaît un beau jour,
Laissons passer l'orage !

SCÈNE III

Les PRÉCÉDENTS, DUVAL, VILLAGEOIS, VILLAGEOISES, ENFANTS.

VILLAGEOIS. (derrière la scène.)
A nous ! vengeance ! aux armes !

FONTENAY.
Une alerte ! (*à Morlé*) voyez d'où partent ces alarmes !
(Morlé sort et revient bientôt avec les Villageois.)
Ose-t-on attaquer ? le camp est-il surpris ?

LENOIR.
Non, certes ! j'en réponds.

FONTENAY.
Alors, pourquoi ces cris ?
(Tous les Villageois entrent tumultueusement en scène.)

DUVAL.
Chevaliers, nous venons vous demander vengeance !
Ne nous refusez pas votre noble assistance :
Nous goûtions, cette nuit, les douceurs du repos,
Quand soudain l'ennemi, fondant sur nos hameaux,
Y porta la terreur, la flamme et le carnage ;
Il n'a rien respecté, ni le sexe, ni l'âge.
J'ai vu tomber le père aux pieds de ses enfants !

UNE VILLAGEOISE.
Ils m'ont ravi le fruit d'un travail de vingt ans !

UN VILLAGEOIS.
Ma chaumière est en feu !

UNE VILLAGEOISE.
Je n'ai plus de famille ;
Voyez, voyez ce sang, c'est celui de ma fille !
Ils l'ont assassinée... Ah ! soyez mes vengeurs !

FONTENAY.
Je cours à Beaumanoir exposer vos douleurs :
Attendez mon retour !
(Il sort)

DUVAL.
Combien, avec tristesse,

Je vois à quel néant nous réduit la vieillesse
Pour ma débile main un glaive a trop de poids
Aujourd'hui. Par Saint-Jean ! Si l'Anglais, autrefois,
Eût osé de la sorte attaquer nos villages,
Il aurait payé cher ses affreux brigandages,
Mais l'âge glace tout.

DEPARC.

Tout, excepté nos cœurs !
(Il sort)

LENOIR.

Oui, malheureux amis, vous aurez des vengeurs !
Le ciel n'a pas encore abandonné la France
A tel point qu'Edouard nous tienne en sa puissance ;
Il peut bien conspirer contre nos libertés,
Ravager nos hameaux, menacer nos cités;
Il peut bien, par jactance et par forfanteries,
Des nobles fleurs de lys orner ses armoiries ;
Quoiqu'on ne vit jamais pourtant la chaste fleur
Aux bords de la Tamise étaler sa blancheur.
Mais, lui ! régner sur nous, malgré nous, et QUAND MÊME ..
Qu'il cesse d'aspirer à cet honneur suprême !
On pourrait nous trahir, nous vendre à son pouvoir,
Mais nous livrer, jamais !

MORLÉ.

Ah ! voici Beaumanoir !

SCÈNE IV

Les PRÉCÉDENTS, BEAUMANOIR, FONTENAY.

BEAUMANOIR.

Vos maux sont arrivés à mon âme sensible !
Pour en hâter la fin, je ferai l'impossible.
Mais, vous le savez tous, amis, même aux vainqueurs,
La guerre impitoyable arrache encor des pleurs.
J'avais lieu de penser néanmoins que la trève
Allait, dans son fourreau, laisser dormir le glaive ;
Et que, dorénavant, les malheureux Bretons
Ne verraient plus brûler leurs toits et leurs moissons.

Cet espoir me flattait : Quand la bonté royale
M'envoya commander sur ma terre natale,
Je promis, unissant mon sort à votre sort,
De demeurer à vous, à la vie, à la mort.
A de pareils serments on n'est jamais parjure
Lorsqu'on est Breton de cœur et par nature ;
Et lorsqu'on tient surtout à parer ses enfants
D'un nom que le pays honora trois cents ans.
Jugez donc si j'écoute, avec indifférence,
Le récit de vos maux. J'eus longtemps l'espérance
D'arriver, par la trève, à vous donner la paix :
Mais est-il un traité que respecte l'Anglais ?
Les soldats de Bembro vous le font bien connaître.
Puisqu'il en est ainsi, j'irai trouver leur Maître :
Il punira soudain vos farouches bourreaux,
Si non plus de traités, de trève, de repos !
Et, sitôt que, demain, jaillira la lumière,
Nous irons tous combattre.

TOUS.

Oui, tous ! tous ! guerre ! guerre !

BEAUMANOIR.

Vous l'aurez ! mais, avant de briser nos liens,
Sachons si l'Etranger veut respecter les siens.
Paix encor, s'il condamne une lâche surprise ;
Prompte vengeance aussi, pour peu qu'il l'autorise.
Je serais criminel, même à mes propres yeux,
De souffrir plus longtemps ces excès odieux.
Celui qui dans son champ sème, pour sa famille,
A seul le droit sacré d'y porter la faucille.
L'abeille ne court pas de la plaine au vallon
Dans le but de repaître un indolent frelon :
Imitons son exemple, et que notre campagne
Ne donne plus de fruits qu'aux fils de la Bretagne.
Quant à vous, pauvres gens, qui manquerez, ce soir,
De retraite et de pain, allez à Beaumanoir !
Je veux que mon château vous offre un sûr asile,
Ce sera l'anoblir que de le rendre utile

TOUS LES VILLAGEOIS.

Nous ne vous peindrons pas ce que sentent nos cœurs !

BEAUMANOIR.

Je suis homme, et je dois consoler vos douleurs,
Trève donc aux élans de la reconnaissance
Et ne m'arrachez pas le prix de l'obligeance.
Au revoir !

SCÈNE V

Les PRÉCÉDENTS, ROSE.

ROSE. (un bouquet à la main.)
(Accourant et se jetant aux pieds de Beaumanoir.)

Grâce ! grâce ! il n'est pas criminel !

FONTENAY

Quoi ! vous ? Rose !

ROSE (se relevant avec dignité.)

Oui, j'en fais le serment solennel !

BEAUMANOIR.

Reprenez vos esprits !

ROSE.

Je ne suis point troublée,
J'ai cueilli, ce matin, ces fleurs dans la vallée,
Et je suis accourue, ici, vous les offrir.

(Fontenay parle bas à Beaumanoir.)

BEAUMANOIR.

Je les reçois de vous avec bien du plaisir !
Votre nom, mon enfant ?

ROSE (gravement.)

J'avais celui de Rose...
Mais la fleur s'est flétrie, hélas ! à peine éclose,
Et je rejette un nom qui ne conviendrait pas
A celle qu'environne un éternel trépas.

BEAUMANOIR.

Abjurez, mon enfant, un si triste langage !
Il n'est rien, croyez-moi, d'éternel à votre âge.
Chaque peine a sa fin comme chaque bonheur ..

ROSE.

Rendez-moi donc celui qui captive mon cœur !
Et, laissant reposer votre haine implacable,
Déclarez qu'il est faux que Georges soit coupable.

Eh bien ! vous vous taisez, hommes froids et méchants !
Sentiriez-vous déjà les remords déchirants ?
Ma voix aurait-elle eu sur vous quelque puissance ?
Non, vous avez juré la mort de l'innocence !
La mienne aussi ; cruels ! mes pleurs sont superflus...
Frappez donc ! mais, pour Dieu ! ne calomniez plus !

(Elle découvre son sein et tombe évanouie.

BEAUMANOIR.

Déplorable malheur ! aussi jeune, aussi belle !
O mon cher Fontenay, veille, avec soin, sur elle !

FONTENAY.

J'y veillerai, Seigneur, vous pouvez y compter!

BEAUMANOIR.

Moi, d'un autre devoir je me vais acquitter,
Eh ! qui donc nourrirait nos fils et nos compagnes
Si nous laissions périr l'habitant des campagnes ?
Et s'il n'échangeait pas, contre ses durs travaux,
Le respect pour son champ, son toit et ses troupeaux ?
Allez donc, mes amis, pleurer près de Madame
Et, pour plaindre vos maux, ma femme aura mon âme.
Tout à vous !

(Il sort.)

FONTENAY

Le voilà tel que je l'estimais !

TOUS LES VILLAGEOIS.

Digne ami des Bretons, sois heureux à jamais !

FIN DU PREMIER ACTE.

ACTE DEUXIÈME

Le Théâtre représente l'intérieur de la Tente de Bembro. Un grand couvert est dressé dans le fond et tout y semble prêt pour une fête. Des torches de résine éclairent la tente.

SCÈNE PREMIÈRE

BEMBRO, GEORGES-DEPARC, FITZ, plusieurs CHEVALIERS Anglais, PAGES.

BEMBRO (tenant une pancarte à la main.)

Valeureux Chevaliers, l'honneur de l'Angleterre,
Venez tous, avec moi, fêter un jour prospère !
Le puissant EDOUARD, notre cher souverain,
M'apprend, par un billet de son auguste main,
Que, loin de renoncer à la guerre entreprise,
Il veut que la Bretagne à ses lois soit soumise ;
Et que, rendus puissants par de prochains secours,
A nos anciens exploits nous redonnions leur cours.
Oui, bientôt, sur la foi des vents et des étoiles,
Nous verrons dans ces ports arriver six-vingts voiles :
Nous aurons des soldats, du fer, des écus d'or ;
Qui pourra, désormais, arrêter notre essor ?
Ravir à notre Roi le fruit de notre gloire,
Et changer en cyprès nos palmes de victoire ?
Rien, Dieu seul excepté ! Lorsqu'à travers les flots
Nous rentrerons chez nous jouir d'un doux repos,
Edouard sera roi d'Angleterre et de France,
Et nos brillants hauts faits auront leur récompense.
Avant, point de retour !

TOUS.

Oui, nous le jurons tous !

BEMBRO.

Et vous, nouvel ami, Deparc, approchez-vous !
Nous allons, pour fêter le message prospère,
Dans un banquet joyeux passer la nuit entière ;
Vous y ferez régner la gaîté d'un français...
Mais, pourquoi ce chagrin que je lis sur vos traits ?

GEORGES.

Ce n'est rien ! rien, Seigneur...

BEMBRO.

Encore ? parlez sans crainte !
L'estime et l'amitié font fi de la contrainte ;
Et, si votre âme souffre, il faut que, par nos soins,
Nous puissions arriver à vous voir souffrir moins.

GEORGES.

Seigneur, j'avais un père .. une amante chérie...
Ils sont encore vivants dans mon âme attendrie...
Mes serments, cependant je saurai les tenir,
N'en doutez pas ! Seigneur,

BEMBRO.

Ce double souvenir
Dans un cœur généreux n'a rien qui me surprenne ;
Qu'il cesse néanmoins d'y causer trop de peine
Le sort se plaît souvent à briser des amours
Dont les liens semblaient devoir durer toujours :
D'abord on souffre, on pleure, on crie, on se désole,
Mais, le grand médecin, le TEMPS, passe et console.
A table, maintenant, accourons nous asseoir !
Aujourd'hui le plaisir, et demain le devoir.

SCÈNE II

Les PRÉCÉDENTS, un PAGE.

LE PAGE.

Seigneur, un Pèlerin, fatigué de sa route,
Et qui, dans la contrée, est égaré sans doute,
Demande, pour la nuit, avec humilité,
Le couvert et le pain de l'hospitalité.

BEMBRO.

Un pèlerin ! qu'il entre ! En place ! amis et frères :
(Le Page sort.)
Le vin de France est bon, qu'il coule dans nos verres !
Il nous coûte si peu ! (*Ils s'asseyent.*)

SCÈNE III

Les PRÉCÉDENTS, DEPARC, père (en Pèlerin).

BEMBRO.

Viens ! pieux voyageur,
Cette place t'attend.

DEPARC.

Pour moi, c'est trop d'honneur !

BEMBRO.

Allons ! n'hésite pas ! partage notre joie !
Peut-être est-ce le ciel en ces lieux qui t'envoie.
Assieds-toi !

(Le Page le débarrasse de son chapeau et de son bourdon.)

DEPARC.

Mais... Seigneur... (*à part*) le voilà !

BEMBRO.

Point de mais !
Prends ce verre ! à Bembro, refuse-t-on jamais?
(Levant son verre.)
Amis, vive EDOUARD ! à sa triple puissance
Sur la fière Albion, la Bretagne et la France !
(Tous les Chevaliers se lèvent et présentent leurs verres.)
Vieillard, tu ne bois pas.

DEPARC (restant assis.)

Seigneur, je suis Breton
Et bois à mon pays ; à l'Angleterre, Non !
(Il jette à terre, avec dédain, le vin que contient sa coupe.)

BEMBRO.

C'est pousser un peu loin l'amour de la patrie !

DEPARC.

On devrait le porter jusqu'à l'idolâtrie
Ce saint amour ; d'ailleurs, lié par d'anciens vœux...

BEMBRO.

Des vœux ! c'est moins que rien, sitôt qu'on est heureux,

DEPARC.

Ce langage, Seigneur, et m'attriste et m'étonne ;
Tout ce que l'on promet, alors que le ciel tonne,
Quand le ciel est serein doit encore s'accomplir :
Pour nous briser, hélas ! faut-il plus qu'un zéphyr?

BEMBRO.

De troubler notre joie aurais-tu donc envie ?

DEPARC.

Loin de là ! Mais je tiens aux saints nœuds de ma vie ;
Et, de persévérer, laissez-moi libre enfin,
Ou je quitte, à l'instant, la salle du festin (*il se lève*).

BEMBRO.

Non, reste, bon Viellard, j'aime cette franchise !

DEPARC.

La parole, chez moi, jamais ne se déguise...

BEMBRO.

Je ne te presse plus ; bois, mange, à volonté ;
C'est bien le moins qu'à table on ait la liberté !

DEPARC (*il se rassied.*)

Alors, je resterai .

BEMBRO.

Dans ce pays sauvage
Dois tu, longtemps encor, prolonger ton voyage ?

DEPARC.

Dieu le sait ! quant à moi, je m'abandonne au sort :
La vie est une mer... dont la tombe... est le port !!!

BEMBRO.

Bien ! à merveille ! bien ! pour nous, mes Camarades,
Nous n'avons fait qu'un vœu : c'est de boire, à rasades,
A l'amour ! à la gloire !

TOUS (*levant leurs verres.*)

A la gloire ! à l'amour !

BEMBRO.

J'ai payé mon écot ; Deparc, à votre tour !
La lyre sous vos doigts habilement résonne,
M'a-t-on dit ; contez-nous quelque chanson bretonne,
Quelque hymne belliqueux !

GEORGES.

Dieu m'en garde ! Seigneur :
Nos chants nationaux n'ont rien de bien flatteur
Pour vous, pour les Anglais, et je craindrais.,.

BEMBRO.

Qu'importe !
On connaît l'amitié que le pays nous porte ;
Aussi le payons-nous du plus tendre retour.

Chantez donc, croyez-moi, sans crainte et sans détour,
Car nos justes BRAVOS vous sont gagnés d'avance.

GEORGES.

Seigneur, vous l'ordonnez...

DEMBRO.

Oui. voyons !

GEORGES.

Je commence :

(Il prend une Lyre qu'un Page lui présente et déclame avec des Arpèges de harpe, dans la coulisse, pour accompagnement.)

CHANT DE GUERRE

L'aurore s'empare des cieux :
Debout, Guerriers, à la prière !
Et qu'après les hymnes pieux,
Retentissent les cris de guerre.

— Oui, guerre à mort et désormais
Que, de la grève à la montagne,
Nos yeux ne voient plus, en Bretagne,
Flotter le drapeau des Anglais.

Que vient-il faire,
Sur notre terre,
Cet Insulaire ?
La conquérir . . .
Infâme outrage !
Nous en servage . . .
Non, non, jamais ! plutôt mourir !
Plutôt mourir !

DEPARC.

Plutôt mourir !

DEMBRO.

Voilà bien les Français et leur forfanterie !

GEORGES.

J'en ai trop dit, peut-être... et... votre seigneurie
Permettra...

DEMBRO.

Non, vraiment, je ne permettrai rien.
Achevez ces couplets que vous chantez si bien !

GEORGES

— J'ai reçu l'adieu de ma belle ;
Ma belle a reçu mes adieux ;
Partons ! l'absence est bien cruelle !
Mais, quand la gloire nous appelle,
Rester est ignominieux . . .

— A toi, maintenant, mon épée !
Dans le sang ennemi, tu fus souvent trempée,
Sers encor ma juste fureur !
Holà ! coursier, bouillant d'ardeur,
Porte-moi, là-bas ! dans la plaine !
Mais, près des miens, ne me ramène
Que mort, ou mourant, ou vainqueur.

— Femmes, déposez, sans murmures,
Vos pendants et vos bracelets !
On dirait qu'avec ces parures
Vous désirez plaire à l'Anglais.
Ah ! votre âme, toute Bretonne,
S'indignerait de tels propos . . .
Que le deuil donc vous environne
Jusqu'à ce que le fer moissonne
L'affreux auteur de tous nos maux.

Que vient-il faire,
Sur notre terre,
Cet Insulaire ?
La conquérir . . .
Infâme outrage !
Nous en servage . . .
Non, non, jamais ! plutôt mourir !
Plutôt mourir !

DEPARC.

Plutôt mourir !

BEMBRO (*furieux*).

C'en est trop ! beaucoup trop ! trève à tant d'insolence !
Hommes vains, vous parlez de mort, d'indépendance,
De lauriers à cueillir... Mais, ces mots résonnants
A peine prononcés, sont le jouet des vents.
Depuis que mes soldats sont campés sur ces rives,
Quelles sont, en effet, vos gloires positives ?
Nous avez-vous chassés d'un seul point, d'un seul lieu ?
Ne nous donnez-vous pas le pain, le vin, le feu ?
Vous parlez de patrie ! et, lorsqu'à votre vue,
On étale un peu d'or, voilà votre âme émue,
La patrie oubliée... Ah ! jugez-en par vous,
Deparc, êtes vous faits pour nous rendre jaloux ?

GEORGES.

(Mettant, avec colère, la main sur la garde de son épée.)

Ce n'est pas, Chevalier, par manque de courage,
Que je laisse impuni ton insolent outrage.
Je pourrais me venger, mais j'ai trop à rougir
Pour me croire, à présent, à l'abri de souffrir.

Oui, je suis criminel, l'amour en est la cause :
Il faut, avec de l'or, payer la main de Rose,
M'a dit son père avare ; et moi, perfide ! moi,
J'ai trahi, pour de l'or, mon pays et ma foi.
Oh ! qu'il m'a coûté cher, ce honteux sacrifice !
Depuis bientôt huit jours, ma vie est un supplice ;
Mes cheveux ont blanchi ; la peine et les regrets,
Bien longtemps avant l'âge, ont sillonné mes traits :
Le miel le plus suave est amer à ma bouche ;
Au moindre cri perçant, tout mon cœur s'effarouche ;
La nuit, point de sommeil ; si je ferme les yeux,
J'étouffe sous le poids d'un cauchemar affreux,
Et j'entends, sans relâche, une voix qui me crie
Ces trois mots déchirants : Père... Amante... Patrie.. !
Je n'y tiens plus, Bembro, reprends tes pièces d'or !
(Il jette sur la table et par terre des poignées de pièces d'or.)
Mais tremble, maintenant, de m'outrager encor !

DEPARC (*s'élançant vers son fils*).

Bien ! mon fils.

GEORGES.

Vous, mon père !

DEPARC (*embrassant son fils*).

Oui, reviens à ton père !
Ton crime est réparé.

BEMBRO (*de plus en plus furieux*).

Redoutez ma colère !

DEPARC

Nous la bravons ! et toi, juge de ma douleur,
(Montrant un poignard qu'il tire de dessous sa robe.)
Je tenais ce poignard pour t'en percer le cœur.

BEMBRO.

Soldats, Arrêtez-les !
(Des soldats arrivent et les entourent.)

GEORGES.

Vous m'accordez ma grâce !

BEMBRO.

Qu'ils soient chargés de fers !

DEPARC.

Nous bravons ta menace !

BEMBRO.

Obéissez, soldats !

DEPARC.

Soldats, point de rigueur !
(Il leur présente un Christ qu'il tire de dessous sa robe, et les soldats tombent à genoux.)

Et tombez à genoux devant votre Sauveur !
Vous avez obéi ! malheur au téméraire
Qui ferait violence à mon saint caractère !
J'attirerais sur lui le céleste courroux ;
Il tomberait percé des plus terribles coups,
Et son livide corps, privé de sépulture,
Aux vautours dévorants servirait de pâture.

UN SOLDAT.

Grâce ! grâce, vieillard vénérable et pieux !
Détournez loin de nous la colère des cieux !
Nous sommes à tes pieds...

DEPARC.

Ce respect vous honore !
(Il leur fait signe de se relever, et ils se relèvent.)

Et toi, cesse, Bembro, de menacer encore.
Ici, j'étais venu chercher un criminel,
Et tu daignas m'offrir et le pain et le sel,
Je t'en rends grâce, adieu !
(Le Page lui remet en main son chapeau et son bourdon.)

GEORGES.

Pour nous, après la trêve,
Nous nous retrouverons, armés chacun d'un glaive.
Je vous ai rendu l'or qui m'attachait à vous,
Je reprends mes serments. Haine à mort entre nous !
(Ils sortent enlacés dans les bras l'un de l'autre ; les soldats se retirent également.)

BEMBRO (*furieux*).

Oui, chevalier félon ; oui, pars avec ton père !
Amis... Secourez-moi ! j'étouffe de colère...
(On s'empresse autour de lui.)
Vous l'avez entendu... comme ils m'ont outragé !
Et je les laisse fuir, avant d'être vengé...
Avant d'avoir puni leur indigne insolence ;
De mes bontés pour eux, voilà la récompense !
Et je les laisse fuir... Oh ! par l'enfer ! un jour...
Que dis-je ? un jour ! demain, ce soir, j'aurai mon tour !

FITZ.

Calmez-vous ! noble maître.

BEMBRO.

Attendons la victoire !
Maintenant... je suis mieux ; remettons-nous à boire !

FITZ.

Ce rappel au plaisir rassure aussi nos cœurs.
Tes convives, bientôt, deviendront tes vengeurs ;
Bembro, n'en doute pas...

BEMBRO.

Sur vous je me repose ;
Mais, profitons du temps et parlons d'autre chose !
Dis-nous, Fitz, en quittant notre chère Albion,
T'advint-il de Merlin quelque prédiction ?

FITZ.

Oui, seigneur, à tel point que le docte prophète,
De ces lieux, pour domaine, nous promet la conquête.

BEMBRO.

Pour demain ! que dis-tu ?

FITZ.

L'exacte vérité !

BEMBRO.

Bah ! dans des mots, sans doute, empreints d'obscurité,
On aura cru. .

FITZ.

Voilà les paroles du maître :
« Avec le mois de mars, nos gloires vont renaître ;
« Le vingt-sept, grand combat ! des flots de sang ! enfin
« Bembro victorieux emporte Josselin »

BEMBRO.

Ce texte est positif, je cède à l'évidence !
Mais, non ! à la science opposons la science !
Holà ! page !

SCÈNE IV

Les PRÉCÉDENTS, un PAGE.

LE PAGE.

Seigneur..?

BEMBRO.

Appelle Salistart !
(Le Page sort.)

C'est un second Merlin pour les secrets de l'art,
Et j'aspire à savoir combien les destinées
Me réservent encor de hauts faits et d'années.

SCÈNE V

Les PRÉCÉDENTS, le PAGE, SALISTART.

LE PAGE.

Le voici !

(Il sort.)

SALISTART (*gravement*).

Je me rends, Seigneur, à mon devoir.
Vous avez des désirs ; moi, je dois les prévoir :
Cette nuit, bien avant que la cloche sonore
N'annonçât aux humains le retour de l'aurore ;
Alors qu'ils oubliaient encor leurs durs travaux ;
Que tout dormait encor dans les bois, dans les eaux,
Et que le seul zéphyr semblait, par son murmure,
Conserver le doux soin de bercer la nature,
Le grand livre du ciel s'est ouvert à mes yeux
Et je viens, maintenant, répondre à tous vos vœux :
Commandez, je suis prêt !

BEMBRO.

Je voudrais bien connaître
Si les secours, promis par mon auguste maître,
Nous seront envoyés.

SALISTART.

Ils le seront, seigneur.

BEMBRO.

La trève a-t-elle encor à tirer en longueur ?

SALISTART.

Quelque temps.

BEMBRO.

Nos exploits, notre persévérance
Doivent-ils, à la fin, nous soumettre la France ?

SALISTART.

Oui, certes ! et du grand Roi qui commande chez nous
Les Bretons, avant peu, baiseront les genoux.

BEMBRO.

J'ai confiance en toi : Ta science notoire
Nous promet donc ainsi la plus noble victoire ?

SALISTART.

Oui, seigneur, et Bembro pourra, chez les Anglais,
Se vanter justement de sa part au succès.

BEMBRO.

Et quel sera mon sort, au sein de ma patrie ?

SALISTART.

Un grand nom... des honneurs... une épouse chérie...
Des enfants...

SCÈNE VI

Les PRÉCÉDENTS, un ECUYER.

L'ÉCUYER.

Noble chef ! Robert de Beaumanoir
Arrive dans le camp et demande à te voir.

BEMBRO.

Beaumanoir ! dans mon camp... Quelle annonce imprévue !
Qu'on l'introduise ! allez!

(L'Ecuyer sort.)

SCÈNE VII

Les PRÉCÉDENTS, BEAUMANOIR.

BEAUMANOIR.

Bembro, je te salue !
Il est nuit, mais un soin cruel, impérieux
M'ordonne, sans retard, de paraître en ces lieux :
Depuis que mes soldats ont déposé les armes,
Le pays est sans cesse en proie à mille alarmes.
Le pauvre laboureur, sous le chaume abrité,
Ne voit plus son foyer par les tiens respecté.
Il est, sous le soleil, une sauvage terre
Où, pour avoir le fruit du palmier centenaire,
On coupe l'arbre au pied, sans songer aux enfants

Qu'on prive ainsi d'ombrage et de fruits nourrissants ;
Tes Anglais font chez nous ce que font les barbares !

BEMBRO.

Chevalier, point d'outrage et d'exemples bizarres !
Apprends ce qui t'amène ; et, pour moi, pour les miens,
Conserve le respect que je conserve aux tiens.

BEAUMANOIR.

Aux miens, dis-tu, les miens, à leur serment fidèles,
Rougiraient de porter leurs armes criminelles
Contre des malheureux dormant dans les hameaux,
Courbés sur la charrue, ou paissant leurs troupeaux.
Regarde l'horizon du côté de l'aurore ;
Vois, là bas, tous ces toits que la flamme dévore !
C'est l'œuvre des Anglais, ose les applaudir !

BEMBRO.

La guerre par la guerre a droit de se nourrir !

BEAUMANOIR.

Et les traités signés, et l'humanité sainte
Ne t'imposent-ils donc ni devoir, ni contrainte ?
Parle ! il faut, aujourd'hui, t'expliquer sans détour.

BEMBRO.

Mes serments sont tenus ! cependant, à ton tour,
Ne va pas te flatter qu'au sein de l'abondance
Nous allions défaillir, par excès d'abstinence.
L'Ecosse nous apprend qu'en pays ennemi,
Vous n'êtes pas non plus oppresseurs à demi,
Et, si vous descendiez jamais en Angleterre,
Vous sauriez, comme nous, vous nourrir par la guerre.
Cesse donc de penser que mes soldats vainqueurs...

BEAUMANOIR.

Vous ! vainqueurs ! ah ! ce mot redouble mes fureurs !
Et, puisque les traités sur toi n'ont plus d'empire,
Mon honneur les annule, et ma main les déchire.

(Il déchire des papiers qu'il tire de son sein.)

Demain, au point du jour, nous viendrons tous, ici,
Te livrer un combat sans pitié ni merci :
Tu nous connais, Bembro, sois prêt à te défendre !
Si non...

BEMBRO.

Ce fier langage a lieu de me surprendre :
Tu viens me provoquer à des combats nouveaux,

Lorsque, pour soulager tes bourgs et tes hameaux ;
Et, comptant sur l'honneur et sur la foi jurée,
J'ai dispersé les miens dans toute la contrée.
Non, tu ne le dois pas. Attendons quelques jours,
Nous serons réunis, ou j'aurai du secours.

BEAUMANOIR.

J'attendrai ! mais aussi renonce à la maxime
Qui te fait, dans la guerre, autoriser le crime ;
Et, quand tu dois punir, ne viens pas...

BEMBRO.

Beaumanoir,
Crois-tu donc me tracer des règles de devoir ?
M'apprendre ce qu'en guerre on punit, on pardonne ?
Erreur ! Edouard seul commande à ma personne,
Et de lui seul aussi je souffre des leçons.

BEAUMANOIR.

Que de fanfaronade à défaut de raisons !
Eh bien ! il faut sortir de l'état où nous sommes !
Pourrais-tu disposer de cinq à six cents hommes !

BEMBRO.

Pour demain ? Non !

BEAUMANOIR.

Quel nombre as-tu donc de guerriers ?

BEMBRO.

Je l'ignore.

BEAUMANOIR.

A peu près ?

BEMBRO.

Vois trente chevaliers !

BEAUMANOIR.

De te mettre à leur tête aurais-tu le courage ?

BEMBRO.

Ce doute de ta part tient presque de l'outrage !

BEAUMANOIR.

Mont-Joie et Saint-Denis ! Où nous trouverons-nous ?

BEMBRO.

Au chêne à mi-chemin.

BEAUMANOIR.

L'heure du rendez-vous ?

BEMBRO.

Dis-la !

BEAUMANOIR.

Toi-même !

BEMBRO.

Au jour !

BEAUMANOIR.

Tu combles mon attente !!!

BEMBRO.

Voilà mes trente amis !

BEAUMANOIR.

Je t'en montrerai trente !

(Il sort)

BEMBRO.

Il nous brave.

TOUS.

Demain, il n'en fera pas tant !

BEMBRO.

Et toi, qu'annonçais-tu ? Salistart, à l'instant :
« La paix devait encor avoir quelque durée...
« Je devais m'emparer de toute la contrée...
« Couler, dans mon pays, des jours longs, glorieux... »

SALISTART (*gravement*).

Seigneur, je vais encore interroger les cieux !!!

(Il sort à pas lents.)

FIN DU DEUXIÈME ACTE.

ACTE TROISIÈME

Le Théâtre représente une vaste campagne que traverse une route bordée d'arbres, de haies et de quelques fossés. Au milieu du théâtre est un gros chêne. La lune fait distinguer, dans le fond, le camp des Anglais.

SCÈNE PREMIÈRE

ROSE (*les vêtements en désordre et les cheveux épars*).
Georges ! Georges ! c'est moi ! ton amante fidèle !
Ne reconnais-tu pas cette voix qui t'appelle ?
Ces accents autrefois si doux à ton amour ?
Viens ! viens ! depuis longtemps l'ombre succède au jour !
Que de choses d'ailleurs j'ai hâte de t'apprendre :
Mon père était cruel ; à présent, il est tendre ;
Il approuve nos feux, il veut bien nous unir ;
Viens ! le ministre saint est prêt à nous bénir.
Ce soir, dès que la nuit eut couvert nos campagnes,
Je me suis échappée à mes jeunes compagnes,
Et me voilà ! Georges ! Georges ! tu ne viens pas !
Quel rigoureux devoir arrête ainsi tes pas ?
Les méchants exceptés, maintenant tout sommeille.
Hier, un bruit sinistre a frappé mon oreille ;
(A voix très-basse.)
Le fils du vieux Deparc a passé chez l'Anglais,
M'a-t-on dit ; toi, Deparc ! toi, mon amant ! jamais !
Toi ! servir l'étranger ! ô calomnie infâme !
Un traître serait-il aussi cher à mon âme ?
(Très-haut.)
Non, non, grâce pour lui, vils calomniateurs !
Ne l'assassinez pas ! voyez couler mes pleurs !
(Moment de silence.)
Je les ai désarmés... Quel temps doux, agréable !
La lune rit là haut, et la peine m'accable...
Asseyons-nous, une heure, au bord de ce fossé...
Si c'était là ma tombe ! au fond, mon corps glacé...
De la terre... une Rose... et ces mots pour emblème :
« Leur beauté fut pareille et leur sort fut le même ! »
Oh ! que je serais bien ! ma mère est morte aussi...
La tombe de ma mère, elle est loin, loin d'ici !

Là-bas ! là-bas ! n'importe ! au lever de l'aurore,
Sur ces restes chéris, j'irai prier encore ;
Je veux les arracher aux horreurs du trépas !
Je le veux ! je le veux ! mais chut ! j'entends des pas !
Cachons-nous !

PLUSIEURS VOIX de femmes, derrière la scène.)

Rose ! Rose !

ROSE,

On m'appelle... silence !
Je leur échapperai !

(Elle se cache derrière le chêne.)

SCÈNE II

ROSE, LOUISE, AMINTE et plusieurs JEUNES FILLES portant des torches

LOUISE.

De la persévérance !
Elle erre aux alentours, ont dit les bucherons :
Du courage ! mes Sœurs, et nous la trouverons.
Rose ! écoutons ! rien... rien...

AMINTE.

Que Dieu lui soit en grâce !
Pour moi, j'aurais bien peur si j'étais à sa place.

ROSE.

Avoir peur, et de quoi ?

LOUISE.

Chut ! chut ! j'entends sa voix !
Ecoutons !

AMINTE.

C'est le vent aux lisières du bois...

LOUISE.

Rose ! enfin, la voici !

(L'apercevant et l'attirant à elle.)

ROSE.

Laissez-moi mes compagnes :
Laissez-moi seule errer à travers nos campagnes !
Pour chaque créature en proie à la douleur,
La vaste solitude est presque le bonheur :
Ainsi, retirez-vous !

LOUISE.

Et c'est toi qui l'exige !
Que cet ordre cruel de ta part nous afflige !
Nous, te quitter, te fuir ; quand tout nous fait la loi
De te donner nos soins et de veiller sur toi ;
Rose, y peux-tu penser ?

ROSE.

Ne me nommez plus Rose !
La fleur s'est désséchée, hélas ! à peine éclose...
Seules, brillez, mes sœurs, et que votre destin
Rayonne, comme un lys, sous les pleurs du matin ;
Laissez-moi seule ici ! mais non, restez encore !
Bientôt le chevalier qui m'aime et que j'adore
Me prendra par la main, et, d'un pas solennel,
Conduira votre amie au pied du saint autel.
Parez, parez mon front des fleurs de la vallée !
Que du lin le plus pur par vous je sois voilée !
Je veux plaire à celui qui m'a donné sa foi ;
Etre toute à Deparc, comme il est tout à moi.
Qu'ai-je-dit ? à Deparc, non, je ne suis plus chère ;
(Avec mélancolie.)
« L'orme de la forêt meurt dans les bras du lierre...
« Le ramier est constant jusqu'à son dernier jour...
« Mais, dans le cœur de l'homme, il n'entre pas d'amour. »

LOUISE.

Ah ! de grâce, mets fin à ta plainte insensée !
Non, ma sœur, ton amant ne t'a pas délaissée !
Il a toujours pour toi ses anciens sentiments,
Et ton erreur provient du trouble de tes sens.
Avant de l'accuser, d ailleurs, il faut l'entendre :
Il faut...

ROSE.

Mais, près de moi, le voyez-vous se rendre ?
Le voyez-vous venir, au nom de nos amours,
Demander un pardon des tourments de six jours ?
Vous me bercez, mes sœurs, d'une espérance vaine.
Comme je le croirais avec bien moins de peine !
Comme il lui suffirait de s'offrir à mes yeux
Pour que je crusse encore à l'ardeur de ses feux !
A tout...

AMINTE.

Rose !

ROSE.

Non, non, ne me nommez plus Rose !
La fleur s'est desséchée, hélas ! à peine éclose...
Seules, brillez, mes sœurs, et que votre destin
Rayonne, comme un lys, sous les pleurs du matin !
Pour moi, c'est à gémir que je suis condamnée...
Serments d'aimer toujours, promesses d'hyménée,
Tout est anéanti ! tout ! jusqu'au saint autel.

LOUISE.

Au moins, rentrons ensemble au logis paternel !

ROSE.

Au logis paternel ! quel bien y puis-je attendre ?
La mère dont pour moi le cœur était si tendre,
De l'embrasser encor me reste-t-il l'espoir ?
(Montrant le ciel.)
Non, ce n'est que là haut que je dois la revoir !
Mon père... il me dira, de sa voix tyrannique :
C'en est assez ! bannis un amour chimérique !
Cet ordre trouverait mes efforts superflus ;
Aussi, dorénavant, ne m'interrompez plus !

AMINTE.

Mais l'Anglais va venir... Vois, là bas dans la plaine,
Briller ses feux de camp !

ROSE.

L'Anglais ! l'Anglais ! qu'il vienne !
Ignorez-vous, mes sœurs, que l'œil de cent Bretons,
La nuit, comme le jour, veille sur ces cantons ?
Et, qu'au moindre péril, au moindre cri d'alarmes,
Vous les verriez, ici, se présenter en armes ;
Fondre sur l'agresseur surpris, déconcerté
Et le punir soudain de sa témérité.
Georges est avec eux. En vain, la calomnie
Fait circuler un bruit... Mais, ce bruit, je le nie !
Je le nie ! et je pense être digne de foi.
Au fait ! que voulez-vous ?

AMINTE.

Te ramener chez toi !

ROSE.

Chez moi ! chez nous ! mes sœurs ! faut-il encor vous dire

Qu'il n'est plus rien chez nous qui me charme et m'attire ?
Jadis, j'y pouvais voir à des titres bien chers,
Georges, prendre sa place au foyer des hivers ;
Nous y pouvions parler d'amour et d'hyménée...
Mais le vent a soufflé sur notre destinée ;
Plus de projets d'hymen, plus de rêves d'amour !
Georges n'est plus chez nous, chez nous plus de retour !

LOUISE.

Résisteras-tu donc à ma vive tendresse ?
Dans ses bras caressants c'est ta sœur qui te presse ;
Cède à ta bonne sœur !

ROSE.

Que tu me fais souffrir !
Moi, pourtant, si constante à t'aimer, te chérir.

LOUISE.

Non, je ne te crois pas ; l'amitié véritable
A la voix d'une amie est moins inconsolable ;
Elle est moins concentrée, elle montre des pleurs,
Et l'amie, aussitôt, partage ses douleurs.
Dis-nous, dis-nous tes maux, nous souffrirons ensemble !
Veux-tu courir les champs ? Qu'un but nous y rassemble
Déjà la violette embaume nos buissons,
Demain, viens la cueillir ! viens danser aux chansons !
Mais cesse de nous fuir avec ce soin extrême !
Tu nous aimes, dis-tu, fuit-on ceux que l'on aime ?

ROSE.

J'ai dit la vérité ! j'en ateste les cieux !

AMINTE.

Eh bien ! viens avec nous, Rose, cède à nos vœux !

ROSE.

Rose ! toujours à moi ce nom faux, exécrable !
Est-ce pour ajouter à mon sort misérable,
Que vous persévérez ?

SCÈNE III

Les PRÉCÉDENTES, DEPARC, GEORGES.

GEORGES.

Courbez-vous sur mon bras !

Je serai toujours fort pour soutenir vos pas.
Ne craignez rien, mon père...

LOUISE. (*s'approchant*).

Un pèlerin !

GEORGES.

Des femmes !

AMINTE.

Il vient de consoler quelques mourantes âmes,
Sans doute.

LOUISE.

Pour ma sœur, implorons son appui !

(*S'approchant encore plus.*)

Quoi ! vous ! Georges !

GEORGES.

Quoi ! vous ? (*à Rose*) et toi !

LOUISE (*à Rose*).

C'est lui !

ROSE.

Qui ? lui !

GEORGES.

L'amant qui t'a voué sa tendresse profonde

ROSE.

Imposteur ! mon amant ! je n'en ai plus au monde !

GEORGES

Ah ! reviens à toi-même, en voyant tes amis !

ROSE.

On a tout oublié ce qu'on m'avait promis :
J'étais belle pourtant... J'étais bonne, sincère...
« L'orme de la forêt meurt dans les bras du lierre...
« Le ramier est constant jusqu'à son dernier jour...
« Mais dans le cœur de l'homme, il n'entre pas d'amour. »

DEPARC.

Le temps presse ! ô mon fils.

GEORGES.

Ah ! je reste autour d'elle !

DEPARC.

Gagnons vite le camp !

GEORGES.

Dans sa peine cruelle,
Je ne puis la quitter. Rose, reconnais-moi !
Je suis Georges ! l'amant qui t'a donné sa foi.

J'ai déchiré ton cœur par quelques jours d'absence,
Mais, pour moi, chacun d'eux fut un an de souffrance.
Ah ! crois à mon amour, à ma fidélité ;
Ce n'est qu'auprès de toi qu'est ma félicité,
Ma gloire, mon salut ; avec un charme extrême,
Je reviens dans tes bras ; c'est toi seule que j'aime !

ROSE.

L'ai-je bien entendu ? cette voix, ces accents
Ne sont-ils plus encore une erreur de mes sens ?
Georges !

GEORGES.

Rose !

ROSE.

Est-ce toi ?

GEORGES.

Peux-tu me méconnaître ?

ROSE.

Non, mon ami ; non, non, il me semble renaître...
J'ai tant souffert, pendant un, deux, trois, quatre jours...

GEORGES.

Tout viendra désormais sourire à nos amours !
(Il la presse dans ses bras.)

ROSE.

Ah ! rendez-moi, mes sœurs, mon ancien nom de Rose !
La fleur s'était flétrie, hélas ! à peine éclose,
Elle s'est ranimée aux baisers du zéphyr :
Ah ! rendez-moi mon nom, je ne veux plus mourir !

LOUISE.

Tu consoles nos cœurs.

ROSE.

Pardon ! chère Louise ;
Reste à l'abri des maux qu'endure une âme éprise ;
C'est le vœu d'une amie !

GEORGES.

Oublions le passé !
Ainsi qu'un jeune faon que les chiens ont chassé,
Quand le péril a fui, revient, avec ivresse,
Sous l'ombrage du hêtre où l'attend sa maîtresse,
Moi, je reviens à toi retrouver le bonheur.
Oublions le passé !

ROSE.

Qu'on est bien sur ton cœur !

GEORGES.

Oui, ton père à l'amant réunira l'amante...

ROSE (*le repoussant vivement*).

Laisse-moi ! ce discours me glace d'épouvante.
Un traître, mon époux ! un traître ! non, jamais !
(*A grands cris.*)
Aux armes ! garde à vous ! Bretons, voici l'Anglais !

GEORGES.

Tu me perds !

ROSE.

Chevalier, sans parole et sans âme !
Tu trembles, maintenant, comme une faible femme !
Nos frères vont venir... et tu prévois ton sort..

DEPARC.

Partons ! partons, mon fils.

ROSE.

Ton destin, c'est la mort !
Qu'ai-je fait ? qu'ai-je dit ? suis-je donc en démence ?
Bretons, n'en croyez rien, Deparc est pour la France !

DEPARC.

Le danger est urgent ; fuyons loin de ces lieux !

GEORGES.

Ah ! laissez-moi plutôt expirer à ses yeux !
J'ai causé son malheur, l'humanité m'ordonne
De veiller, maintenant, sur sa chère personne.
J'obéirai, mon père, à cette douce loi.
Pour vous, allez au camp ! partez ! devancez-moi !
Beaumanoir, devant vous, maudira ma conduite,
Dites-lui mes remords et quelle en fut la suite ;
Enfin, que par vos soins, je me retrouve admis
A servir de nouveau Jean II et mon pays.

DEPARC.

Moi, te fuir !

GEORGES.

Il le faut, partez ! Quoi qu'il arrive,
Nous nous retrouverons.

LOUISE.

Ma pauvre sœur !

SCÈNE IV

Les PRÉCÉDENTS, DELANGRES, SOLDATS.

DELANGRES.

Qui vive ?

Halte là !

ROSE.

Chevaliers, ayez pitié de nous !
Et, pour l'ennemi seul, réservez tous vos coups.

DELANGRES.

Répondez ! dans quel but courez-vous la campagne ?
Quoi ! c'est Georges Deparc ! le traître à la Bretagne,

DEPARC.

Oui, c'est nous !

DELANGRES.

Et son père. Oh ! honte ! arrêtez-les !
Soldats ; ils ont tous deux fait pacte avec l'Anglais.

DEPARC (*avec indignation*).

Fait pacte avec l'Anglais !

DELANGRES (*à Georges*).

Traître, rends ton épée !

GEORGES (*dégainant*).

Ma main dans votre sang avant l'aura trempée.

DELANGRES.

Tu menaces encor...

GEORGES.

Craignez mon désespoir !

ROSE.

Au secours ! au secours !

SCÈNE V

Les PRÉCÉDENTS, BEAUMANOIR, ensuite FONTENAY, LENOIR, MORLÉ, etc.

DEPARC (*courant à Beaumanoir*).

Sauvez-nous ! Beaumanoir.

ROSE (*serrant Georges dans ses bras*).

Son destin est le mien ; que rien ne nous sépare !

BEAUMANOIR.

Qu'ai-je entendu ? pourquoi cette clameur barbare ?

GEORGES.

Beaumanoir, je remets mon épée en tes mains.

(BEAUMANOIR prenant l'épée de Georges avec une certaine hésitation.)

Etes-vous des soldats ou bien des assassins ?

TOUS.

Son crime est évident.

DEPARC.

Il l'a lavé son crime !

BEAUMANOIR.

Je sais tout ! et lui rends son glaive et mon estime !

(Il lui rend son épée.)

Faites de même, amis, et cessez de hair
Un brave dont le fer peut encor servir ;
Car, demain, sachez-le, la guerre recommence.

FONTENAY.

Vous vous flattez, Seigneur, d'une vaine espérance ?

BEAUMANOIR.

Non, et trente Bretons vont, contre autant d'Anglais,
Demain, au point du jour, se mesurer de près.

TOUS.

O bonheur !

BEAUMANOIR.

Quels sont ceux qui m'offrent leur courage ?

GEORGES.

Moi, pour laver ma honte et punir mon outrage !

BEAUMANOIR.

J'accepte !

FONTENAY.

Moi, Seignenr !

LENOIR.

Moi ! de même.

MORLÉ.

Moi !

TOUS.

Nous !

DELANGRES.

Votre cause est la nôtre, et nous combattrons tous !

BEAUMANOIR.

Cette héroique ardeur répond à mon attente :

Mais la lice, demain, ne s'ouvre que pour trente ;
Et malgré...

MORLÉ.

J'en suis un !

LENOIR.

Ton refus, c'est ma mort !

FONTENAY.

J'ose espérer...

BEAUMANOIR.

Eh bien ? qu'en ordonne le sort !
Allons le consulter ! plus de haine et d'alarmes !
Ensuite à la prière, et, de l'autel, aux armes !

TOUS.

Aux armes !

(Ils dégainent leurs épées et sortent en tumulte.)

GEORGES.

Adieu ! Rose.

ROSE.

Adieu ! pars, pars sans moi !

GEORGES.

Je reviendrai ! *(Il sort en pleurant.)*

ROSE.

Jamais ! croyez donc à la foi !
Maintenant, ô mes sœurs, retournons chez mon père !
(D'un ton très-mélancolique.)
« L'orme de la forêt meurt dans les bras du lierre...
« Le ramier est constant jusqu'à son dernier jour...
« Mais dans le cœur de l'homme il n'entre pas d'amour. »

(Elle sort à pas lents, en s'appuyant sur l'épaule d'une de ses compagnes et sur le bras d'une autre.)

FIN DU TROISIÈME ACTE

ACTE QUATRIÈME

VEILLÉE AU CHATEAU DE BEAUMANOIR

Le théâtre représente une salle du Château. — Marie et Alice travaillent, autour d'une table, à des ouvrages de broderies, tandis que Rémy lit la Bible à haute voix. — Sur la table, une lampe, un sablier, etc.

SCÈNE PREMIÈRE

MARIE, ALICE, RÉMY et JEAN.

RÉMY (*lisant*).

« Et, comme un jour Jacob l'avait envoyé visiter ses « frères dans les pâturages de Sichem, ils résolurent, en « le voyant venir de loin, de le tuer sans pitié. »

MARIE.

Pas si vite, mon ami, pas si vite !

RÉMY.

Ruben, l'aîné de tous, qui voulait arracher Joseph à leur fureur pour le rendre à son père, s'y opposa avec énergie, et leur conseilla de le dépouiller seulement de ses vêtements, puis de le jeter dans une vieille citerne en ruines du voisinage. Ils dscendirent donc Joseph dans la citerne, mais ils l'en retirèrent bientôt pour le vendre à des marchands Ismaëlites qui passaient par là et se rendaient en Egypte avec leurs chameaux. Ils trempèrent ensuite. .

MARIE.

— Arrête-toi donc ! il y a un point. En Egypte, avec leurs chameaux. Ils trempèrent ensuite la robe de leur frère..,

RÉMY.

« Dans le sang d'un chevreau et la portèrent à Jacob « en lui disant : Voici la robe de votre fils ! une bête fé- « roce a dévoré Joseph. »

JEAN.

Oh ! les méchants ! fi donc !

MARIE.

L'action est bien noire,
C'est vrai ! mais Dieu voulait porter Joseph en gloire,
Et c'est pour arriver, sans doute, à ce but-là
Qu'il s'est servi des uns pour grandir celui-là.
Ainsi, tout ce qu'il fait est fait avec sagesse,
Et, soit donc que sa main nous frappe ou nous caresse,
Nous devons, en chrétiens résignés et pieux,
Incliner devant lui nos fronts religieux.
Mais arrêtons, ici, notre sainte lecture,
Mes enfants...

JEAN.

Oh ! non, non, Maman, je t'en conjure,
Joseph, c'est si joli !

MARIE.

C'est vrai ! mais, demain soir,
Nous finirons sa vie ; et toi, sœur, va savoir
Si les bons villageois, ce matin, dans les larmes,
Ont trouvé, sous mon toit, la fin de leurs alarmes.

ALICE.

Je reviens d'auprès d'eux ; dans un profond repos,
Ils semblent, pour l'instant, oublier tous leurs maux.
Demain, au point du jour, j'irai les voir encore,
Pourvoir à leurs besoins...

MARIE.

Cette bonté t'honore,
Chère Alice, merci de tes soins généreux !
Mais le sommeil commence à clore aussi vos yeux,
Mes enfants, gagnez donc vos paisibles retraites,
Priez et que de Dieu les volontés soient faites.

RÉMY.

Oui, nous allons prier pour mon père et pour toi.

MARIE.

Priez pour la Bretagne et pour les jours du Roi !
Car Dieu bénit l'enfant qui l'honore et le prie.

RÉMY.

Bonsoir ! ma tendre mère. (*il l'embrasse*).

JEAN.

Et moi ! maman chérie.

(Il se jette dans ses bras. Elle l'embrasse avec amour.)

RÉMY.

Que je t'embrasse encor, j'en pourrai mieux dormir.
(Il l'embrasse de nouveau.)

JEAN.

L'histoire de Joseph, il faudra la finir,
Demain ; oh ! les méchants ! traiter ainsi leur frère !

MARIE.

Et puis mentir encore et dire à leur vieux père,
En offrant à ses yeux des vêtements sanglants :
Joseph n'est plus... Voici sa robe !

JEAN.

Les méchants !
Ils sont tous dans l'Enfer, n'est-il pas vrai ?

MARIE.

Peut-être !

JEAN.

Et pourquoi non ?

MARIE.

Hélas ! notre souverain Maître
Est si bon, et, d'ailleurs, bien avant de mourir,
Ils avaient tous ouvert leur âme au repentir,
Et Dieu pardonne tout au repentir sincère;
Je te pardonne bien tes fautes, moi, ta mère.

JEAN.

Mais nous ne sommes pas vilains méchants comme eux.

MARIE.

Oh ! c'est vrai ! mes chéris, soyez bénis tous deux !
(Elle étend ses mains sur la tête des enfants et ils sortent.)
Quant à nous, ô ma sœur, abrégeons la soirée !
De noirs pressentiments, mon âme est déchirée...
Ces pauvres villageois que j'ai vus tant pleurer,
Mon époux, mes enfants... tout sert à m'attrister.
Ma tête est un chaos, c'est par trop de souffrance !

ALICE.

Allons ! Marie, allons ! moins de désespérance !
La Trève peut finir par amener la paix,
Car nous l'invoquons tous, Bretons, Français, Anglais.

MARIE.

Ah ! mes pressentiments me disent le contraire
Et tu parles de paix quand tout parle de guerre ;
Lorsque nos bons voisins viennent dans nos châteaux

Nous demander du pain et raconter leurs maux ;
Lorsque le fer, le feu ravagent nos campagnes
Et qu'un hourrha maudit court du val aux montagnes;
Non, rien n'annonce encor la fin de nos malheurs.

ALICE.

Dieu n'aura point pour nous d'éternelles rigueurs,
Nous le désarmerons ! au surplus, chère amie,
Tu sais, ainsi que moi, ce que c'est que la vie :
Naître au matin, souffrir, et mourir vers le soir...
Heureux qui met en Dieu sa joie et son espoir
Et porte, résigné, son fardeau sur la terre
Comme Jésus portait sa croix vers le Calvaire !
Vas donc te reposer des fatigues du jour
Pour mieux pouvoir, demain, sourire à notre amour

MARIE.

A demain donc !

ALICE.

Bonsoir ! (*Marie sort*). Ah ! malheureuse femme !
Comme on voit la douleur qui torture son âme :
Elle s'efforce en vain d'en cacher la moitié
Pour ne point affliger notre douce amitié ;
Elle nous rit parfois mais, malgré son mystère,
Nos regards pénétrants l'entrevoient toute entière ;
Bonne sœur, que le ciel ait pitié de tes maux !
Quant à nous, sans soucis des heures du repos,
Poursuivons notre tâche et que ces broderies
Arrivent à leur fin pour les Pâques fleuries :

(Elle se remet au travail.)

Cette robe à la vierge... et ces brillants pennons
Destinés par mon frère à nos soldats Bretons
Formeront tous ensemble un saint et juste hommage
A la mère de Dieu comme un vaillant courage.

(Elle s'endort peu à peu.)

Je serai fière, alors, de les avoir brodés...
Par les anges du ciel ils seront regardés...
Ces guidons conduiront nos guerriers à la gloire...
Ah ! Qu'ai-je dit..? Mon Dieu ! La gloire... La victoire...
C'est du sang ! Mais un voile aussi couvre mes yeux...
Quelle heure avons-nous donc au sablier .? Les cieux...

SONGE

SCÈNE MIMÉE, AVEC ACCOMPAGNEMENT D'ORCHESTRE PIANISSIMO

Le fond du Théâtre s'ouvre, et alors Alice, tombant à la renverse sur son siége, voit, en songe, à travers un grand voile de gaze, et par anticipation, la fin du Ve acte, en pantomime : c'est-à-dire Beaumanoir revenant du combat, blessé à mort, et remettant son épee à ses enfants, etc.

SCÈNE II

ALICE, endormie, BEAUMANOIR.

BEAUMANOIR.

(Entr'ouvrant une porte du fond. — à la cantonnade :)

Attends-moi ! je reviens. Ah ! quelle solitude !

(Entrant en scène.)

Comme elle parle haut à ma sollicitude.
Ma femme, mes enfants, objets chers à mon cœur,
Mais où donc êtes-vous ? ah ! vous voilà ma sœur !

(Un coup de tam-tam se fait entendre et le théâtre se referme.

ALICE (*se reveillant en sursaut*).

Mon frère ! quel bonheur ! oh ! ce n'était qu'un rêve...
La paix va-t-elle enfin succéder à la trêve ?

BEAUMANOIR.

La paix ! non, et je viens, ce soir, vous embrasser
Car, demain, les combats doivent recommencer.
Et qui sait si, demain, Sœur, ton malheureux frère
Reverra le soleil achever sa carrière.
Mais, laissons de côté les noirs pressentiments !
Parle-moi de Marie et de mes chers enfants !
Que font-ils ?

ALICE.

Nous venons de finir la veillée
Qui s'est, grâce à la Bible, avec charme, écoulée.
Les enfants, tout joyeux, sont rentrés pour dormir
Et ma sœur pour prier, hélas ! et moins souffrir.
Comme il est fort douteux encor qu'elle sommeille,
Faut-il...

(Elle fait quelques pas vers la chambre de Marie.

BEAUMANOIR.

Oh ! non, mon Dieu ! mais, Rémy, qu'on l'éveille !

Je veux, si mon destin est de ne plus le voir,
Dans mes derniers baisers lui tracer son devoir ;
Va le chercher, ma Sœur, toi chez qui l'Evangile
A jetté dans le cœur une force virile
Et qui, sans murmurer, sans te plaindre jamais,
Sais si bien te soumettre aux célestes décrets.
Amène-moi mon fils (*Alice sort*). Quant à sa pauvre mère,
Sa douleur briserait mon âme toute entière ;
Et, demain, cependant si quelqu'un doit faiblir,
Ce n'est certes ! pas moi : cent fois plutôt mourir !
Dieu puissant ! mets mon toit à l'abri de l'orage
Et que mes chers enfants, pleins d'âme et de courage,
S'exhortant l'un par l'autre aux règles du devoir,
Se souviennent toujours qu'ils sont des Beaumanoir.

SCÈNE III.

BEAUMANOIR, ALICE, RÉMY.

RÉMY.

(En veston de nuit et se jetant dans les bras de son père.)

Mon père ! quoi ! c'est vous !

BEAUMANOIR.

Oui, mon fils, mais, silence !
Ta pauvre mère dort... Evitons sa présence !
Car nous verrions bientôt ses profondes douleurs
Briser notre courage et déchirer nos cœurs.
Mon fils, demain matin, recommence la guerre...
Demain, peut-être aussi n'auras-tu plus ton Père...

ALICE.

Ah ! que nous dites-vous ?

BEAUMANOIR.

Ce qui peut advenir.

ALICE.

Espérons pour nous tous un moins triste avenir !

RÉMY.

Oui, mon père, espérons !

BEAUMANOIR.

Mais, si ma destinée,

Dans nos prochains combats doit être terminée,
Après avoir donné quelques pleurs à mon sort,
Sache que ton devoir est de venger ma mort,
Non pas en t'efforçant, au milieu des batailles,
A frapper de grands coups et d'estoc et de tailles ;
A répandre partout le deuil et la terreur,
Le ravage et le feu ; mais, comme un noble cœur,
En faisant au vaincu le moins de mal possible ;
En lui montrant toujours un front doux et paisible ;
En épargnant son toit, ses troupeaux, ses moissons
Et tenant à honneur partout tes écussons.
Aime bien notre Alice et sois doux pour ton frère !
Je ne t'ordonne rien à l'égard de ta mère :

(Passant ses bras autour du cou de son fils.)

Une mère, vois-tu, dès notre premier jour,
C'est notre ange gardien, c'est le cœur, c'est l'amour ;
Elle charme les maux que le ciel nous envoie ;
Dans nos contentements elle accroît notre joie...
Et par le droit chemin nous conduit, pas à pas,
En rêvant pour nous seuls tous les biens d'ici bas.
Mais le camp des Bretons réclame ma présence
Adieu ! Mon fils, ma sœur...

ALICE.

Eh ! quoi ? déjà !

BEAUMANOIR.

(Montrant l'appartement de Marie.)

Silence !

Elle repose en paix... Epargnons sa douleur...

RÉMY.

(Essuyant ses yeux baignés de larmes.)

Ce que vous m'avez dit est gravé dans mon cœur.

(Beaumanoir embrasse de nouveau son fils et se retire avec émotion. — Alice et Rémy restent en scène.)

FIN DU QUATRIÈME ACTE.

ACTE CINQUIÈME ET DERNIER

Même décoration qu'au premier acte. — Un banc de bois en avant, sur la droite. — Le jour paraît à peine.

SCÈNE PREMIÈRE

FONTENAY, LENOIR, MORLÉ et autres CHEVALIERS.

(Ils ont tous une attitude recueillie ; l'un a le genou en terre ; l'autre courbe la tête en regardant le fond du théâtre ; un troisième, assis sur un banc, à droite, et absorbé par ses pensées, se tient la tête entre les mains.)

CHANTS RELIGIEUX derrière la scène et dans un extrême lointain.

CHOEUR. (1)

« Dieu tout-puissant, qui donnes la victoire,
« Nous t'invoquons à l'heure des combats !
« Du haut des Cieux, tout empreints de ta gloire,
« Regarde nous et nous ne mourrons pas. »

UNE VOIX.

« Source d'éternelle justice,
« Comme d'éternelle bonté,
« Tu dois être toujours propice
« Aux accents de la liberté. »

FONTENAY

Ils sont au rendez vous ! ces amis héroïques
Et déjà vers le ciel montent leurs saints cantiques.

LENOIR.

Pour nous que le destin n'a pas favorisés,
Il nous faut demeurer, ici, les bras croisés.

(Moment de silence.)

LE CHOEUR.

« Dieu tout puissant, qui donnes la victoire,
« Nous t'invoquons à l'heure des combats !
« Du haut des Cieux, tout empreints de ta gloire,
« Regarde-nous et nous ne mourrons pas. »

MORLÉ.

Comme ces chants lointains électrisent mon âme !

FONTENAY.

Pour la mienne, de même, ils sont un pur dictame.

(1) La musique de ce chœur se trouve à la fin de l'acte.

Oui, Beaumanoir, Fardet, Deparc, Dubois, Harel,
Montauban, Saint-Ivon, d'Entragui, Cherruel,
C'est de vous, aujourd'hui, c'est de votre vaillance
Que la Bretagne attend enfin sa délivrance.
Vous ne tromperez pas les désirs de nos cœurs,
Et vous saurez mourir, ou nous serons vainqueurs !

LENOIR.

S'ils meurent, nous aurons, pour leur cendre, des larmes,
Du fer pour les venger ! point de vaines alarmes !
(Le jour commence à paraître. On entend, au loin, le son du clairon.)
Mais le clairon résonne et provoque au combat,
Espérons !

MORLÉ.

Quelqu'en soit, d'ailleurs, le résultat,
Il nous fera sortir de cet état précaire
Qui n'est pour les Bretons ni la paix, ni la guerre.
On ne nous dira plus, à nous, hommes de cœur :
L'Anglais tient ce pays sous un joug oppresseur ;
Tout souffre, tout gémit de ses excès coupables,
Mais la foi des traités rend vos maux incurables.

LENOIR.

Oui, nous allons enfin reconquérir le droit
De chasser nos tyrans par de-là le détroit !
Sol natal, sol d'amour où reposent nos pères ;
Où nous avons reçu les baisers de nos mères ;
Vu nos premiers soleils, formé nos premiers pas,
Terre sainte, malheur à qui ne t'aime pas !
Si nous tombons, parfois le sort trahit les braves,
Prêtera, qui voudra, ses mains à des entraves !
Pour moi, d'être enchaîné lorsque viendra mon tour,
Je veux qu'en pénétrant dans mon triste séjour,
On n'ait qu'à contempler un cadavre livide
Dont l'odeur fasse fuir jusqu'au plus intrépide.
Quel superbe triomphe, alors, pour mon vainqueur !

DELANGRES.

Nous saurions échapper de même au déshonneur !

MORLÉ.

Oui, certes ! quant à moi, loin de perdre courage,
Je voudrais demeurer sur le champ du carnage,
Pour pouvoir, quand mes bras seraient morts, impuissants

Déchirer un Anglais encore avec mes dents.
C'est un de moins, dirais-je alors, contre la France,
Un de moins contre nous et notre indépendance
Et mes jours finiraient avec sérénité.

SCÈNE II

Les PRÉCÉDENTS, TURPIN.

TURPIN.

Chevaliers, pardonnez mon importunité !

FONTENAY.

Vous ! dans ce camp, Turpin, que venez vous y faire ?

TURPIN.

Est-il vrai que Deparc, inspiré par son père.
A quitté les Anglais pour revenir à vous ?

LENOIR.

Que t'importe ? Oui, Deparc est chez nous, avec nous !
Tu l'avais repoussé du sein de ta famille
Parce qu'il ne pouvait apporter à ta fille
Or, ni champs. ni troupeaux ; et que pour toi l'honneur,
Le courage et l'amour sont des biens sans valeur.
Il te fallait, sans doute, un riche Anglais pour gendre !
Breton dégénéré, qui ne sais pas comprendre
Qu'en acceptant pour fils un de nos ennemis.
Tu trahissais ton Roi, ton sang et ton pays !
Mais ta fille, restée à son amour fidelle,
Du feu patriotique a gardé l étincelle :
Un seul Breton pouvait gagner son noble cœur ;
Et sa raison perdue accuse ta rigueur.

TURPIN.

Au lieu de m'accabler de vos froides injures,
Chevaliers, prenez part à mes vives tortures !
Plaignez ma pauvre enfant !

MORLÉ.

Oui, nous la plaignons tous
Elle, mais quant à toi, ton supplice est trop doux.

LENOIR.

Cent fois trop doux encor !

TURPIN.

Pourtant, quelle souffrance !

MORLÉ.

Homme vil ! sans vergogne et sans reconnaissance !
Non, tu ne portes pas l'âme des vrais Bretons !
Et si, dans ce moment, nous mêmes combattons,
Si nous voulons d'ici chasser les insulaires,
Est-ce pour nos trésors, nos troupeaux et nos terres?
Nous n'avons rien à nous ! mais c'est pour ces beaux cieux,
Ces collines, ces vals, ces bois mystérieux,
Cet immense océan, cette vaste campagne
Que, depuis trois mille ans, on nomme la Bretagne
Et qui conservera ce nom superbe et cher
Tant qu'il nous restera du courage,

TOUS (*dégainant*).

Et du fer !

TURPIN.

Epargnez-moi, de grâce, en faveur de ma fille !
Chevaliers, que Deparc rentre dans ma famille ;
Je l'accepte pour gendre ? et, demain, sans retard,
Au banquet nuptial vener tous prendre part.
Puisse le ciel, changeant ma peine en joie extrême !
Rappeler la raison chez la fille que j'aime !
Et puisse, en même temps, son généreux époux
Oublier le passé pour un présent plus doux !
Il verra désormais si je suis sans entrailles !

FONTENAY.

Courez donc le trouver sur le champ de batailles !
Au chêne à mi-chemin ; et qu'il joigne, en ce jour,
Le laurier de la gloire aux myrthes de l'amour.

TURPIN.

Grâce à Dieu ! j'aperçois son vénérable Père !

MORLÉ.

Il vient à nous, il souffre, il pleure...

SCÈNE III

Les PRÉCÉDENTS, DEPARC, ROSE.

(Deparc a repris son costume du premier acte ; Rose le suit, furtivement, pas à pas.)

LENOIR (*courant à lui*).

Quel mystère!

Votre fils..?

TOUS.

Votre fils..?

DEPARC.

Ne m'interrogez pas !

TOUS.

Votre fils..?

ROSE (*apparaissant tout à coup !*)

Il est mort.

(Elle se sauve en éclatant de rire. Ils la regardent tous s'enfuir, avec un sentiment de pitié.)

DEPARC.

En Breton, dans mes bras.

FONTENAY.

Et Beaumanoir. ? parlez !

LENOIR.

Notre cause sacrée
Serait-elle avec eux déjà désespérée,
Perdue..?

DEPARC.

Ah ! loin de là ! dissipez votre effroi !
Ecoutez ! admirez ! et pleurez avec moi :

« A peine il faisait jour que déjà, dans la plaine,
« On dresse un simple autel, à l'ombre d'un vieux chêne :
« Le prêtre sacrifie et nos trente guerriers,
« Rangés autour de lui, courbent leurs fronts altiers.
« Ils ne s'occupent plus des choses de la terre ;
« Tout leur y semble abject, chétif, plein de misère ;
« Ils rêvent des trésors plus vrais, plus glorieux
« Et font monter au ciel leurs cantiques pieux.
« Mais déjà le soleil sourit à nos campagnes :
« On entend le clairon par-de là les montagnes...
« C'est Bembro qui s'avance avec ses trente Anglais !
« L'insulte est dans leur bouche et l'orgueil sur leurs traits
« Soudain, nous nous levons ; et, franchissant l'espace
« Qui nous sépare d'eux, les bravons face à face.
« Le signal est donné, mais la commune ardeur
« Changeant bientôt tout ordre en bouillante fureur,

« On se mêle, on se heurte, on s'accable, on se presse :
« Déjà brassards, cuissards, hauberts volent en pièce.
« Trizéguidi, Tristan, de Serrens, Bodegat
« Font merveille ; huit Anglais sont mis hors de combat :
« L'un reçoit, au défaut de sa cotte de mailles,
« Une miséricorde à travers les entrailles ;
« L'autre d'un coup de hache a le bras abattu.
« Par un fier Ecossais de Pont-Blanc combattu,
« De son casque d'acier lui brise la visière
« Et plonge dans les yeux sa dague meurtrière,
« Nous perdons Rouxelet, Monteville, Richard... »

LENOIR.

Fiers amis, à nos pleurs vous aurez votre part !

DEPARC.

« Harel, si cher au cœur de sa jeune compagne,
« Succombe en s'écriant : je meurs pour la Bretagne !
« Mon fils le voit tomber et le venge à mes yeux.
« Puis, courant sur Bembro : Maintenant, à nous deux !
« A nous deux ! hier soir, j'ai souffert ton offense ;
« Aujourd'hui, dans ton sang j'en veux tirer vengeance !
« Il dit, frappe à trois fois ; mais dans ce triple effort,
« Il brise son épée et rencontre la mort. . »

FONTENAY.

Pauvre père !

DEPARC.

« Partout le sang rougit la terre ;
« Le soleil disparait dans des flots de poussière !
« On ne distingue plus un seul de nos guerriers :
« Le bruit confus des voix, le choc des boucliers,
« Les lances en éclat sont le seul témoignage
« Que nous ayons encor de la commune rage.
« Jugez de notre angoisse en ces moments affreux !
« Une raffale enfin rend le jour à nos yeux...
« Avec quel saint transport nous revoyons nos frères !
« Ils sont dix-neuf encor contre treize adversaires.
« Beaumanoir est blessé d'un coup de hache au flanc...

FONTENAY

Ciel !

DEPARC.

« Il demande à boire. — A boire ? *Bois ton sang !*

« Lui crie André Geoffroy. Mais rien ne peut l'abattre,
« La soif ni la douleur ; il persiste à combattre
« Et renverse Douglas et deux puissants Gallois.
« Nous étions par milliers admirant ses exploits,
« Quand Bembro furieux...

MORLÉ.

Hé bien ?

DEPARC.

« Sur lui s'élance ?
« Mais Kaerentaye Alin, d'un revers de sa lance.
« Abat le fier Anglais et Geoffroy de Beaucorps
« De son glaive acéré lui transperce le corps.
« Soudain, pour proclamer hautement sa conquête ;
« De ce corps tout sanglant il sépare la tête ;
« Je l'ai vue et ses yeux, sans vie et sans chaleur,
« Me semblèrent encor menacer le vainqueur. »
Moi, j'ai perdu mon fils, l'appui de ma vieillesse !

TOUS.

Nous le remplacerons !

DEPARC.

Pourtant, je le confesse,
En le voyant couché sur un lit de genêts,
Je le trouvais mieux là que dans le camp anglais.

LENOIR.

Vous méritiez, tous deux, une autre récompense !

MORLÉ.

Beaumanoir !

TOUS (*courant à lui*).

Beaumanoir !

FONTENAY.

Dieu protège la France
Puisqu'il nous est rendu.

SCÈNE IV

Les PRÉCÉDENTS, BEAUMANOIR, GEOFFROY-DUBOIS.

LENOIR.

Seigneur, rassurez-vous !
L'ennemi ?

BEAUMANOIR.

(Blessé et s'appuyant sur Geoffroy.)

Les Anglais sont tombés sous nos coups !
Le reste est prisonnier.

DEPARC.

Gloire à l'Etre suprême !

BEAUMANOIR.

Gloire aux trente Bretons !

FONTENAY.

Seigneur, gloire à vous-même !
Mais vous êtes blessé.... (*On le conduit sur un banc*).

BEAUMANOIR.

C'est le sort des combats !
Cependant, que de moi l'on ne s'occupe pas.
Va, Morlé, relever sur le champ de batailles
Ceux à qui nous devons, demain, des funérailles ;
Donne ensuite tes soins empressés, généreux
Aux blessés, quels qu'ils soient...

MORLÉ.

Je cours remplir vos vœux !
(Il sort.

BEAUMANOIR.

De ton côté, Lenoir, va rompre les entraves
Des Anglais prisonniers ; point de fers pour les braves !
(A Fontenay.) (Lenoir sort.)
Maintnant, je le sens à mes vives douleurs,
Je vais mourir, ami, mais cache moi tes pleurs !
Et, pour exécuter ma volonté dernière,
Prête moi, jusqu'au bout, ton zélé ministère :
Dans le vieux Beaumanoir, ma femme et mes enfants
Attendent mon retour et mes embrassements...
Ils ne reverront plus l'idole de leur âme ;
Je n'embrasserai plus mes Enfants ni ma Femme...
Triste pensée, hélas ! Toi, cours à Beaumanoir
Consoler mon épouse en proie au désespoir,
Aux mains de nos deux fils remettre mon épée
Qui dans le sang anglais fut si souvent trempée,
Et leur dire comment...

FONTENAY.

Les voici

SCÈNE V ET DERNIÈRE

Les PRÉCÉDENTS, MARIE, ALICE, RÉMY et JEAN.

MARIE.

(Se précipitant dans les bras de Beaumanoir.)

Cher époux !

RÉMY.

Mon père bien aimé ! (*Ils l'entourent affectueusement.*)

BEAUMANOIR.

Calme-toi ! calmez-vous !

MARIE.

Tu souffres..?

BEAUMANOIR.

Pour mes jours cessez tous trois de craindre !
Non, je ne souffre pas, je ne suis pas à plaindre !
D'ailleurs, écoutez-moi, sans pleurs, sans désespoir :
Un haut rang nous oblige à de nobles devoirs ;
On ne s'appartient plus, alors, de corps, ni d'âme.
Aller, courir partout où le malheur réclame ;
Consacrer à son Dieu, son pays et son roi
Chaque jour de sa vie, est la suprême loi.
Je devais tout à JEAN : dernièrement encore,
Outre les dignités dont sa Grâce m'honore,
De l'ordre de l'Etoile il m'a fait chevalier ;
A son Sacre de Reims j'assistai, l'an dernier ;
Aujourd'hui qu'il fallait combattre pour sa gloire
Et purger des Anglais notre saint territoire.
Etait-il un péril que je dusse éviter ?
Non, et sur qui les rois pourraient-ils donc compter
Si ceux que la fortune a placés près du Trône
Fuyaient quand l'ennemi l'attaque et l'environne ?

MARIE.

Ces honneurs et ce rang qui parlent tant aux yeux,
S'ils étaient mieux connus, feraient moins d'envieux !
Pour moi, loin de bénir ma haute destinée,
J'aurais voulu me voir, à d'humbles soins bornée,
Avec toi, mon époux, avec ces chers enfants,
Loin des bruyantes Cours, passer tous mes instants.

Comme j'aurais aimé la paix de ma chaumière !
Comme j'aurais... Mais quoi ! ton sang rougit la terre,
Il coule en abondance... Ah ! permets à mes mains
De l'étancher ! (*Elle déchire son voile.*)

BEAUMANOIR.

Hélas ! tes efforts seront vains !
Je le sens, chère épouse ; et vous deux que j'adore,
Approchez, mes enfants ; plus près... plus près encore
Il faut nous séparer.. A cet ordre des cieux,
Chrétiens ! résignons-nous et mêlons nos adieux !

MARIE.

Nos adieux !

BEAUMANOIR (*à voix basse*).

Croyez-moi, le ciel n'est point barbare...
Un jour, il rejoindra ceux que la mort sépare...
Mon épée !

(A Fontenay qui le soutient, et cherchant à dégager son épée.)

Aide-moi !

On lui dégage son épée ; il la prend entre ses mains crispées par la souffrance, et la remettant à ses enfants :

(*D'une voix éteinte*) Tenez ! tenez, mes fils !

(Ranimant tout à coup sa voix :)

NE LA TIREZ JAMAIS QUE POUR VOTRE PAYS ! (*il meurt*).

Le fond du théâtre s'ouvre et la Bretagne, armée de pied en cap, dépose sur le front de Beaumanoir une couronne de laurier, en forme d'apothéose.

Rémy baise l'épée de son père.

FIN DES TRENTE

Paris. Imp. Moquet r. des Fos.-St-Jacques, 11.

Paris. — Imp. MOQUET, rue des Fossés-Saint-Jacques, 11.

www.ingramcontent.com/pod-product-compliance
Ingram Content Group UK Ltd.
Pitfield, Milton Keynes, MK11 3LW, UK
UKHW022138190726
13855UKWH00003B/1215

9 782013 044455